AVOCAT

CLEA

PHOTOGRAPHIE
ÉMILIE GAILLET

éditions la plage

Pour être tenu au courant de nos publications,
envoyez vos coordonnées à : edition@laplage.fr
www.laplage.fr

ISBN : 978-2-84221-578-1

Conception graphique : David Cosson – dazibaocom.com
Lecture-correction : Clémentine Bougrat
Photo de couverture : © Shutterstock

Imprimé à Barcelone sur du papier FSC® (issu de forêts gérées de façon responsable) sur les presses de Beta (ES), un imprimeur labellisé pour ses pratiques respectueuses de l'environnement.

FSC
MIXTE
Papier
FSC® C112206

SOMMAIRE

SANDWICHS ET TARTINES

PLATS CUISINÉS

PETITS DÉJ' ET DESSERTS

AVOQUOI ?

Cela ne vous aura échappé que si vous vivez dans une grotte hors climat tropical : l'avocat est hypratendance ! Et comme chaque fois qu'un effet de mode entraîne un mouvement de masse, cela a ses avantages... et ses inconvénients.

Le point positif, c'est que le monde entier redécouvre l'avocat sous d'autres atours que ceux de la sauce cocktail et son acolyte la crevette rose qui dépasse. Il est bon pour ce qu'on a, tendre et crémeux, on l'aime, on le bichonne, on le découpe le plus joliment du monde et on en pare toasts, burgers, gaufres et *veggie bowls*. Dans les « bars à avocat », on le creuse pour le garnir de jeunes pousses, fleurs et graines germées avant de l'envoyer voguer en mode « avo boat ». Les plus téméraires le changent même en « avo latte » en y versant un café au lait design, et ce qui était une plaisanterie potache est rapidement devenu un *trend* sur Instagram ! Les réseaux sociaux, parlons-en : ce sont eux qui ont fait de l'avocat une icône glamour, à grands coups de hashtags et de découpes plus fines que de la dentelle. On le retrouve ainsi sur les T-shirts, les bijoux, les tote bags et dans les masques de beauté : c'est dit, l'avocat réjouit les foules, on le veut, encore et toujours plus !

Résultat ? Un engouement qui dépasse l'entendement écologique. Fruit de l'avocatier, arbuste tropical sacré des Mayas, l'avocat trouve ses origines au Mexique. Il est aujourd'hui cultivé sur trois continents : l'Afrique (Israël, Maroc, Kenya, Rwanda), l'Amérique (Mexique, Pérou, Brésil, Colombie, Caraïbes, Chili) et l'Europe méditerranéenne (Espagne, Corse, Sicile). L'accroissement démesuré de la demande mondiale a poussé le Mexique à démultiplier sa production d'avocats, au détriment de ses forêts de pins. Le pays met ainsi en péril son équilibre écologique et social, les mafias locales ne se privant pas d'en faire un objet de racket. Le même phénomène semble se dessiner au Pérou et au Chili, grands exportateurs. Alors, que faire ?

La part des choses ! Il ne nous viendrait pas à l'esprit de consommer des pommes importées par avion du Chili. La pomme est un fruit local en France et il nous semblerait absurde de lui facturer un bilan carbone aussi lourd. Pourtant, c'est ce que nous proposent de faire nombre de points de vente si nous ne lisons pas les étiquettes... Tout simplement parce que lorsque la saison de la pomme de France est passée, ils s'approvisionnent là où elle est disponible. Loin, très loin de ce que le bon sens nous souffle à l'oreille...

Il en va exactement de même pour l'avocat. Originaire du Mexique, il est cultivé en Europe depuis fort longtemps. Il existe donc bel et bien chez nous une saison de l'avocat, qui court de novembre à avril et pendant laquelle nous disposons de très beaux fruits en provenance d'Espagne, de Corse ou de Sicile, au bilan écologique très raisonnable, surtout lorsqu'ils sont bio.

Conclusion ? Consommons de l'avocat bio, non importé par avion, toujours pendant la bonne saison !

Cela tombe bien, car l'avocat est un fruit de la saison froide par excellence, riche en matières grasses. L'été, mieux vaut l'oublier au profit de la pastèque ! Notre corps nous réclame alors des fruits aqueux et rafraîchissants, tout ce que l'avocat n'est pas. Ce dernier est programmé pour réchauffer et ensoleiller nos hivers, qu'on se le dise : contenant 15 à 25 % de matières grasses, principalement mono-insaturées (comme l'huile d'olive), l'avocat facilite l'absorption du bêtacarotène, précurseur de la vitamine A. Il contient des antioxydants aux vertus protectrices, les proanthocyanidines, ainsi que des phytostérols bénéfiques en cas de maladie cardio-vasculaire. Riche en fibres et en vitamines B et C, il est également l'un des fruits les mieux pourvus en potassium, avec la banane.

AVOCAMÉLÉON

Longtemps, nous avons réservé à l'avocat trois usages poussiéreux : garni de mayonnaise, crevettes et/ou pamplemousse, coupé en tranches dans les salades ou bien mixé en guacamole, avec tomate et Tabasco. C'était à peu près tout, et pourtant c'était globalement 1 % de ce dont il est capable !

Car si l'avocat est devenu une superstar mondiale, c'est bel et bien parce qu'il sait tout faire... Le sucré comme le salé, le cru comme le cuit. Cru, il constitue la base de délicieuses sauces (dips, « mayonnaises », pestos et autres sauces crémeuses), comme la matière première de mousses et de crèmes sucrées absolument bluffantes. C'est ainsi qu'il est le plus intéressant nutritionnellement parlant, puisque ses acides gras, vitamines et antioxydants demeurent intacts. Néanmoins, il rend de fiers services en version cuite, notamment pour remplacer la matière grasse et une partie de la farine dans les cakes, les brownies et les muffins. De manière plus classique, on ne se privera pas de l'ajouter dans les sandwichs, burgers, *veggie bowls*, sushis et autres tacos, tout simplement... parce que c'est bon !

CHOIX ET DÉCOUPE

Il existe de nombreuses variétés d'avocats, les plus courantes chez nous étant les hass et les fuerte. Les avocats fuerte sont plus gros et leur peau est fine et lisse, tandis que les hass sont moins allongés et présentent une peau épaisse et granuleuse. Les avocats sont classés par calibres (de 16 à 22), ceux-ci déterminant leur prix. On trouve parfois des avocats miniatures, appelés cocktail ou cornichon.

L'avocat est un fruit climactérique, ce qui veut dire qu'il poursuit son mûrissement une fois cueilli et dans notre corbeille à fruits après achat. Le choisir dur et vert est donc une bonne chose : cela signifie qu'il est frais et qu'il n'a pas trop voyagé après avoir été cueilli. À la maison, sa peau deviendra plus sombre et sa chair plus tendre. On lui épargnera à tout prix le réfrigérateur pour le laisser à température ambiante. Il mûrira d'autant plus vite qu'il est entouré d'autres fruits, comme les bananes et les kiwis. Pour échelonner sa consommation, l'idéal est d'acheter plusieurs avocats à des degrés de mûrissement différents. Lorsque l'on peut exercer une petite pression sur la chair, l'avocat est prêt à être dégusté. Si elle est très molle, c'est trop tard !

À la découpe, la chair doit être vert tendre et ne présenter aucune zone grisâtre. Si la chair est grise par endroits, c'est que l'avocat a un peu trop attendu : on peut ôter ces parties à la petite cuillère. La chair de l'avocat s'oxyde très rapidement à l'air libre, aussi est-il conseillé de la citronner si on ne la consomme pas dans la minute. Lorsque l'avocat est mûr, le noyau part très facilement si l'on exerce une petite pression de la pointe d'un couteau à sa base. Sinon, on peut planter le couteau dans le noyau et tourner pour l'extraire. Attention, cette technique demande un peu d'entraînement !

L'engouement des réseaux sociaux pour l'avocat est très axé autour de la découpe du fruit. De la fleur à la spirale en passant par l'éventail, il est vrai qu'il permet de réaliser de très jolies créations comestibles. Si un brin de dextérité est vraisemblablement nécessaire, la méthode de base n'en reste pas moins la même quel que soit le motif. La voici.

Fun fact !

Le mot « avocat » vient de l'espagnol *aguacate*, dérivé du *nahuatl ahuacatl* qui signifie « testicule ». De là à expliquer l'engouement mondial, il n'y a qu'un pas...

1. Choisir un avocat mûr, mais pas trop.

2. Ôter le noyau et la peau en prenant garde de ne pas abîmer la chair. Citronner celle-ci.

3. Placer la chair de l'avocat sur une planche à découper, côté « noyau vide » sur la planche.

4. Sans modifier la forme de la chair, couper celle-ci en fines tranches dans la largeur, légèrement en biais.

5. À l'aide des deux mains, donner à l'ensemble des tranches d'avocat la forme d'un serpentin.

6. Continuer à courber l'une des extrémités pour la ramener vers le centre et former une rose, une spirale ou un éventail.

7. Reste ensuite à utiliser un large couteau pour déposer le fruit de ses efforts sur une assiette, une tartine ou un veggie bowl.

SANDWICHS & TARTINES

HOUMOUS À L'AVOCAT

Si votre cœur balance entre houmous et guacamole, n'hésitez plus et combinez les deux. Cela donne un dip aussi délicieux que protéiné, autant bienvenu sur la tartine matinale que dans un sandwich ou le veggie bowl du déjeuner.

POUR **4** PERSONNES

- 240 g de pois chiches ou de haricots blancs cuits
- 2 avocats • 2 gousses d'ail • 1 citron vert
- 2 c. à soupe de tahin • 2 c. à soupe d'huile d'olive
- 1/4 de c. à café de cumin en poudre
- 3 c. à soupe de feuilles de coriandre hachées

Peler les pois chiches, les rincer et les placer dans le bol d'un mixeur. Couper les avocats en deux, ôter le noyau et racler la chair. Peler et dégermer l'ail. Presser le citron vert. Mixer les pois chiches avec l'avocat, l'ail, le jus du citron, le tahin, l'huile d'olive, le cumin et 1 pincée de sel. Ajouter les feuilles de coriandre et mélanger. Réserver au frais.
Le houmous se conserve 24 heures au frais ou peut être congelé dans une barquette hermétique. Il suffit alors de le placer au réfrigérateur 12 heures avant dégustation.

GUACAMOLE SALSA ET PITA

Classique entre les classiques, le guacamole gagne à être non pas revisité, mais revêtu de toutes sortes de toppings dans lesquels il est encore plus ludique de piocher (à grands coups de chips de pita maison !).

POUR **4** PERSONNES

Pour le guacamole • 2 avocats • 1/2 oignon nouveau • 1 citron vert • 1 c. à café de vinaigre de cidre • 1 c. à café bombée de miso blanc • 1 pointe de couteau de piment doux • 2 c. à soupe de feuilles de coriandre hachées

Pour la garniture • 1 petite tomate • 1/2 concombre • 1/2 oignon nouveau • 2 c. à soupe de feuilles de coriandre hachées • 1 c. à café d'huile d'olive • 1 c. à café de jus de citron • 12 olives kalamata • 2 c. à soupe de pignons de pin toastés • 2 pains pita

Préparer le guacamole. Couper les avocats en deux, ôter le noyau et racler la chair. Placer dans le bol d'un mixeur avec le demi-oignon haché, le jus du citron vert, le vinaigre, le miso, le piment et 1 pincée de sel. Mixer jusqu'à obtenir une purée onctueuse. Ajouter la coriandre, mélanger et placer dans une assiette creuse.

Préparer la garniture. Laver la tomate et la couper en dés en laissant de côté les pépins. Peler le concombre une bande sur deux, le couper en quatre et ôter la partie centrale contenant les pépins. Tailler en petits dés. Hacher finement le demi-oignon. Dans un bol, mélanger les dés de tomate et de concombre, l'oignon, la coriandre, l'huile d'olive et le jus de citron. Ajouter 1 pincée de sel et réserver.

Garnir le guacamole de salsa tomate-concombre en formant une couronne sur le bord. À l'intérieur, ajouter une couronne d'olives coupées en rondelles. Au centre, disposer les pignons de pin toastés.

Passer les pitas au grille-pain, les couper en triangles et servir avec le guacamole.

AVOCADO BOATS

Un demi-avocat vidé de son noyau et garni de sauce cocktail, crevettes grises et quartier de pamplemousse, cela vous évoque l'un de vos pires cauchemars en direct live des années 1980 ? Fort heureusement, l'avocat garni s'est refait une jeunesse en sortant de sa coque pour se changer en joli bateau serti de mille joyaux green et riches en oméga-3…

POUR PERSONNES

- 1/2 avocat
- 1 c. à café de jus de citron
- 1/2 c. à café de sauce soja
- 2 belles pincées de pousses de tournesol (ou d'autres jeunes pousses)
- 1 c. à café de graines de sésame blond
- 1 c. à café de graines de tournesol
- 1 c. à café de graines de chanvre décortiquées
- 1 c. à café d'huile de chanvre ou de noix

Ôter la coque de l'avocat sans écraser la chair et placer cette dernière sur une assiette. Badigeonner la surface de jus de citron et de sauce soja.
À la place du noyau, déposer les pousses de tournesol.
Toaster rapidement les graines de sésame dans une poêle sans matières grasses. Faire de même avec les graines de tournesol et les graines de chanvre. Décorer les bords de l'avocat avec les graines en formant trois jolis tiers.
Napper d'huile de chanvre et déguster.

CRÈME D'AVOCAT ET PETIT POIS À LA ROQUETTE

Pour changer des sandwichs garnis de houmous, pourquoi ne pas zapper le pain et opter pour un demi-avocat garni d'un crémeux de petits pois à la roquette et aux pignons ? Juste parce qu'on n'y avait pas pensé plus tôt, pardi...

POUR **4** PERSONNES

- 100 g de petits pois frais ou surgelés (poids net)
- 1 c. à soupe de pignons de pin
- 1 c. à soupe de pistaches
- 1 belle poignée de roquette
- 1/2 citron
- 3 avocats
- 1 c. à café de miso blanc (facultatif)

Cuire les petits pois dans une casserole d'eau frémissante salée pendant 10 minutes. Égoutter.
Toaster les pignons de pin et les pistaches dans une poêle sans matières grasses. Hacher grossièrement.
Laver et sécher la roquette. Presser le demi-citron.
Couper les avocats en deux et ôter les noyaux. Déposer 4 demi-avocats sur une assiette et placer la chair du troisième avocat dans le bol d'un mixeur. Ajouter les petits pois, le jus de citron, le miso blanc (ou 1 pincée de sel), la moitié des pignons et des pistaches et la moitié des feuilles de roquette. Mixer rapidement (il n'est pas nécessaire de chercher à avoir une consistance onctueuse).
Ajouter les feuilles de roquette restantes et mélanger.
Garnir les demi-avocats de crème de petits pois à la roquette. Parsemer des pignons et pistaches restants. Servir à température ambiante.

NORI WRAP AU HOUMOUS D'AVOCAT

Pour changer de la tortilla de blé ou de maïs, le recours à la feuille d'algue nori est une excellente idée. Pas de riz dans ce sushi résolument axé sur les protéines et les légumes crus. À consommer sans attendre que la feuille de nori ne ramollisse.

PAR PERSONNE

- 1/2 avocat
- 1/4 de concombre
- 1/2 carotte
- 20 g de tofu lactofermenté
- 1 feuille d'algue nori
- 2 c. à soupe de coriandre ou de persil frais
- 2 c. à soupe de houmous à l'avocat (voir page 10)

Ôter le noyau et la coque du demi-avocat. Couper la chair en bâtonnets.
Peler le tronçon de concombre, le couper en quatre, l'épépiner et le couper en très fins bâtonnets.
Peler la demi-carotte et la couper en très fins bâtonnets.
Émietter le tofu lactofermenté.
Disposer la feuille de nori sur une planche. Sur toute la surface sauf 1 cm sur chaque bord et 2 cm en haut, disposer les bâtonnets d'avocat, de concombre, de carotte et les miettes de tofu. Ajouter les feuilles de coriandre ou de persil ciselées. Tartiner de houmous sur une bande horizontale placée vers la partie basse de la feuille.
Rabattre le bas de l'algue (partie basse, proche de soi) sur la garniture de manière à l'emprisonner, puis continuer pour obtenir un rouleau.
Couper en deux ou plusieurs tronçons et déguster sans attendre.

WRAP DE PESTO À L'AVOCAT

La recette traditionnelle du pesto implique autant d'huile de coude que d'huile d'olive. Le recours à l'avocat permet de réduire l'utilisation de l'une comme de l'autre.

POUR **4** PERSONNES

Pour le pesto à l'avocat • 2 avocats • 1 petit bouquet de basilic frais • 1 gousse d'ail • 1 citron • 1 belle poignée de cerneaux de noix* • 2 c. à soupe d'huile d'olive
Pour les wraps • 4 tortilla wraps

Couper les avocats en deux et ôter les noyaux. Racler la chair et la mettre dans le bol d'un mixeur.
Rincer et sécher le basilic. Prélever les feuilles.
Peler et dégermer les gousses d'ail.
Presser le citron.
Placer les feuilles de basilic, l'ail, le jus de citron, les noix et l'huile d'olive dans le mixeur avec la chair d'avocat. Ajouter 1 pincée de sel. Mixer rapidement sans chercher à obtenir une texture lisse.
Garnir les wraps de ce pesto, les rouler et couper en tronçons. Disposer les tronçons sur un plat de service ou dans des lunch box, côté coupé vers le haut. Conserver au frais jusqu'au moment de déguster.

*On peut aussi remplacer les noix par des graines de chanvre décortiquées, qui apporteront le plein d'oméga-3, une saveur de beurre frais et beaucoup de crémeux.

AVOCADO TOAST

Le toast à l'avocat est devenu une valeur sûre. On a compris le principe : l'avocat remplace avantageusement le beurre ou le fromage frais, se tartine et se laisse garnir de la même manière, en suivant l'inspiration du moment. Ici, je vous propose d'opter pour la version « chic » : une rose d'avocat qui nécessite à peine plus de temps et de dextérité, promis, juré.

PAR PERSONNE

Pour le « cream cheese » au wasabi* • 100 g de noix de cajou • 1/2 citron • 1 c. à café rase de pâte de wasabi

Pour le toast à l'avocat • 1 tranche de pain complet • 1 c. à café rase de gomasio (sel de sésame) • 1/2 avocat • 1 radis rose • 1/2 citron

La veille, faire tremper les noix de cajou dans un bol d'eau. Rincer et mixer avec le jus du demi-citron, 2 à 3 cuillerées à soupe d'eau, le wasabi et 1 pincée de sel. Ce « fromage à tartiner » se conserve jusqu'à 5 jours dans un bocal au réfrigérateur. Toaster légèrement le pain.

Tartiner de « cream cheese » au wasabi et parsemer de gomasio. Couper le radis en fines tranches et déposer sur le cream cheese.

Ôter le noyau et la peau du demi-avocat en prenant garde de ne pas abîmer la chair. Placer la chair de l'avocat sur une planche à découper, côté « noyau vide » sur la planche. Sans modifier la forme de la chair, couper celle-ci en fines tranches dans la largeur, légèrement en biais. À l'aide des deux mains, donner à l'ensemble des tranches d'avocat la forme d'un U. Continuer à courber l'une des extrémités pour la ramener vers le centre et former une rose (Voir page 6).

Presser le demi-citron et citronner légèrement la rose d'avocat. Déposer sur la tartine et servir sans attendre.

* On peut remplacer le « cream cheese » par une autre tartinade de ce livre : houmous ou pesto à l'avocat, par exemple.

GREEN CROQUE-MONSIEUR

L'avocat est un excellent candidat au remplacement du fromage fondu dans le croque-monsieur, qu'on se le dise !

PAR PERSONNE

- 50 g de haricots blancs ou de flageolets cuits
- 1/2 avocat
- 1 petite poignée de pousses d'épinard
- 1 cœur d'artichaut mariné
- 2 tranches de pain de mie complet ou aux graines
- 1/2 c. à café de moutarde douce
- 2 c. à soupe de pesto à l'avocat (voir page 19)

Peler et rincer les haricots blancs.
Ôter le noyau et la peau du demi-avocat et le couper en lamelles épaisses.
Laver et sécher les pousses d'épinard.
Émincer le cœur d'artichaut.
Toaster légèrement les tranches de pain de mie. Tartiner de moutarde, puis de pesto.
Sur l'une des tranches, écraser les haricots blancs. Garnir de pousses d'épinard, d'artichaut et de lamelles d'avocat.
Déposer la seconde tranche de pain par-dessus et presser pour bien amalgamer tous les ingrédients.
Chauffer le tout pendant 5 minutes dans une poêle légèrement huilée, en retournant à mi-cuisson.
Déguster immédiatement.

PLATS CUISINÉS

ROULEAUX À LA PATATE DOUCE ET MAYONNAISE D'AVOCAT

Non content de remplacer le beurre, l'avocat est également le substitut idéal de la mayonnaise, qui s'en trouve autant allégée que simplifiée dans sa réalisation. Top pour y tremper des nuggets de tofu ou des rouleaux de printemps revisités à la patate douce.

POUR **4** PERSONNES

Pour les rouleaux de printemps • 1 petite patate douce • 1 c. à soupe d'huile d'olive • 1 c. à café de vinaigre de cidre • 1/4 de c. à café de paprika • 1 gros avocat • 2 belles poignées de roquette ou de pousses d'épinard • 8 feuilles de riz
Pour la mayonnaise d'avocat • 1 gros avocat • 120 g de yaourt végétal nature (soja, chanvre ou coco) • 1 c. à café rase de moutarde douce aux aromates • 1 c. à café de vinaigre de cidre • 1/4 de c. à café de paprika

Préchauffer le four à 180 °C (th. 6). Peler la patate douce et la couper en frites. Les disposer sur une plaque de cuisson. Badigeonner d'huile d'olive et de vinaigre de cidre. Saupoudrer de sel et de paprika. Enfourner pour 20 minutes. Laisser tiédir ou refroidir. Préparer la mayonnaise. Ôter le noyau et la peau de l'avocat puis racler la chair et la mettre dans le bol d'un mixeur. Ajouter les autres ingrédients ainsi que 1 pincée de sel. Mixer jusqu'à obtenir une texture bien onctueuse. Conserver au réfrigérateur. Ôter le noyau et la peau de l'autre avocat et le couper en lamelles épaisses. Laver et sécher la roquette. Remplir d'eau chaude une assiette creuse. Étaler un torchon humide face à soi. Tremper une feuille de riz dans l'eau jusqu'à ce qu'elle puisse se plier facilement (à ce stade, elle ne doit pas être molle). La placer sur le torchon. Sur le côté de la feuille le plus proche de soi, disposer des frites de patate douce. Ajouter des feuilles de roquette et des lamelles d'avocat. Replier le bord de la feuille le plus proche de soi par-dessus la garniture et continuer à rouler jusqu'à ce que cette dernière soit enfermée. Rabattre alors les bords droit et gauche de la feuille vers l'intérieur, puis terminer le rouleau. Procéder de même avec les 7 autres feuilles de riz et le reste de la garniture. Prendre garde à ne pas coller les rouleaux les uns aux autres. L'idéal est de les déguster à température ambiante aussitôt après leur confection, en les trempant dans la mayonnaise d'avocat. On peut également les conserver jusqu'à 24 heures dans une boîte hermétique au réfrigérateur.

SALADE ARC-EN-CIEL AU QUINOA, SAUCE À L'AVOCAT

Une belle et bonne salade composée, pleine de couleurs, nappée d'une sauce onctueuse à l'avocat : une pause-déjeuner idéale !

POUR **4** PERSONNES

Pour la salade • 200 g de quinoa • 4 carottes • 1 branche de céleri • 1 petit concombre • 12 radis roses • 1 gros avocat ou 2 petits • 2 c. à soupe de *cranberries* • 2 c. à soupe de pistaches ou de graines de courge

Pour la sauce à l'avocat • 1 avocat • 120 ml de lait de coco, d'amande ou de soja • 4 c. à soupe de feuilles de coriandre ou de persil hachées • 1/2 citron vert • 1 dé de gingembre frais • 1 pointe de couteau de piment d'Espelette

Peser le quinoa dans un verre de manière à mesurer son volume. Porter 1,5 fois son volume d'eau à frémissements dans une casserole. Y plonger le quinoa et cuire pendant 10 minutes sur feu doux. Saler, couvrir et laisser gonfler.

Peler et râper finement les carottes. Hacher finement le céleri.

Peler le concombre une bande sur deux. Le couper en deux dans la largeur, puis chaque tronçon en quatre dans la longueur. Ôter la partie contenant les pépins et couper la chair en petits cubes. Couper chaque radis en quatre, puis émincer.

Couper le ou les avocats en deux, ôter la peau et le noyau, et couper la chair en cubes.

Dans un grand saladier, mélanger le quinoa avec tous les légumes, les avocats, les *cranberries* et les pistaches concassées.

Préparer la sauce. Couper l'avocat en deux, ôter la peau et le noyau, et placer la chair dans le bol d'un mixeur. Ajouter le lait végétal, les fines herbes, le jus du demi-citron, le gingembre pelé et râpé, le piment et 1 pincée de sel. Mixer jusqu'à obtenir une sauce bien fluide.

Servir la salade à température ambiante, nappée de sauce à l'avocat.

SALADE CAESAR VÉGÉTALE AU TEMPEH

La salade Caesar ? Laitue romaine, œufs mollets, poulet rôti, croûtons, copeaux de parmesan et surtout une sauce onctueuse qui vient napper le tout. Pas d'avocat au programme ? Sauf dans la nôtre, où il sert de base à la fameuse sauce, revue et corrigée en version vegan. Avec du chou kale pour remplacer la romaine… ou pas, selon l'envie du moment.

POUR **2** PERSONNES

Pour le « bacon » coco-tempeh • 1 c. à soupe de sauce soja • 1 c. à soupe de sirop d'agave ou de fleur de coco • 2 c. à soupe d'huile d'olive • 1 pointe de couteau de piment doux • 100 g de tempeh • 4 c. à soupe de lamelles de noix de coco séchées
Pour la salade • 4 branches de chou kale • 1 gros avocat • 4 c. à soupe de persil haché
Pour la sauce Caesar • 1 gros avocat • 1 gousse d'ail • 8 olives kalamata • 1 c. à café rase de moutarde douce • 1 c. à soupe de vinaigre de cidre • 2 c. à soupe d'huile d'olive • 60 g de yaourt végétal (soja, coco ou chanvre)

Préchauffer le four à 180 °C (th. 6).
Dans un saladier, mélanger la sauce soja, le sirop d'agave, l'huile d'olive et le piment. Y ajouter le tempeh coupé en cubes et les lamelles de coco. Bien mélanger.
Répartir sur une plaque de cuisson en formant une couche uniforme. Enfourner pour 15 à 20 minutes. Remuer en cours de cuisson.
Prélever les feuilles du chou kale, rincer à l'eau claire, sécher et émincer.
Couper l'avocat en deux, ôter la peau et le noyau, et couper la chair en cubes.
Préparer la sauce. Couper l'avocat en deux, ôter le noyau, racler la chair et la mettre dans le bol d'un mixeur. Ajouter l'ail pelé et dégermé, les olives dénoyautées, la moutarde, le vinaigre, l'huile, le yaourt et 1 pincée de sel. Mixer jusqu'à obtenir une sauce onctueuse. Rallonger avec un petit peu d'eau si nécessaire. Le résultat doit napper la cuillère.
Placer le kale émincé et la sauce dans un grand saladier, et malaxer le kale à pleines mains pendant 5 bonnes minutes, jusqu'à ce que ses feuilles deviennent ultratendres. Ajouter les cubes d'avocat et le mélange tempeh-coco. Parsemer de persil haché.
Mélanger et servir sans attendre.

GASPACHO DE CONCOMBRE ET GRANOLA SALÉ

Pour changer à la fois du gaspacho à la tomate et du duo fromage-croûtons, rien de tel qu'une soupe verte et fraîche escortée d'un granola savoureux et séduisant.

POUR **4** PERSONNES

Pour le gaspacho • 1 gros avocat • 1 oignon nouveau • 1 grand concombre • 1 petit bouquet de basilic • 100 ml de lait de coco • 1 citron
Pour le granola • 75 g de petits flocons d'avoine • 20 g d'amandes effilées • 25 g de graines de tournesol • 10 g de graines de sésame • 5 g de graines de fenouil • 1 pincée de piment d'Espelette • 2 c. à café de tahin • 1 c. à soupe de tamari • 1 c. à soupe de sirop d'agave • 1 c. à soupe d'huile de coco

Placer tous les ingrédients du gaspacho au réfrigérateur, hormis l'avocat.
Préparer le granola. Préchauffer le four à 160 °C (th. 5-6).
Dans un saladier, mélanger les flocons avec les amandes et toutes les graines. Ajouter les épices et mélanger. Incorporer le tahin, le tamari, le sirop d'agave et l'huile de coco tout en remuant à la fourchette. Mélanger ensuite à pleines mains pour bien amalgamer le tout.
Émietter sur une lèchefrite. Enfourner pour 25 minutes. Remuer 2 ou 3 fois en cours de cuisson. Laisser refroidir.
Couper l'avocat en deux, ôter le noyau, racler la chair et la mettre dans le bol d'un blender. Hacher finement la partie blanche de l'oignon nouveau (réserver le vert).
Couper le concombre en deux tronçons dans la largeur, puis chaque tronçon en quatre dans la longueur. Enlever les pépins et placer la chair coupée en morceaux dans le blender. Ajouter les feuilles de basilic, l'oignon nouveau, le lait de coco, le jus du citron et 1 pincée de sel. Mixer jusqu'à obtenir une purée onctueuse. Ajouter un verre d'eau fraîche et mixer de nouveau. Rectifier la consistance si nécessaire en mixant de nouveau avec un peu plus d'eau.
Verser le gaspacho dans des petits bols. Décorer de vert d'oignon nouveau ciselé. Accompagner de granola salé.

AVOCATS FARCIS AUX POIS CHICHES, SAUCE TAHIN

Si l'avocat farci est un délice cru, il serait dommage d'ignorer sa version rôtie au four ou au barbecue. Cinq minutes de cuisson plus tard, force est de constater que ce sont des pois chiches rôtis, croquants, et une sauce onctueuse au tahin qui lui vont le mieux au teint.

POUR **4** PERSONNES EN ACCOMPAGNEMENT

Pour les avocats • 100 g de pois chiches cuits • 1 c. à soupe d'huile d'olive • 1/4 de c. à café de cumin en poudre • 1/4 de c. à café de paprika • 2 gros avocats • 4 c. à soupe de persil haché
Pour la sauce tahin • 1 c. à soupe bombée de tahin • 100 g de yaourt végétal (soja ou chanvre) • 1 c. à café de moutarde douce • 1 c. à soupe de jus de citron • 1/4 de c. à café de cumin en poudre

Préchauffer le four à 180 °C (th. 6).
Peler les pois chiches et les placer sur une plaque de cuisson. Napper d'huile d'olive, saupoudrer de cumin, de paprika et de sel. Mélanger. Enfourner pour 10 minutes. Mélanger de nouveau et enfourner pour 10 minutes supplémentaires.
Couper les avocats en deux, ôter les noyaux et enfourner les demi-avocats avec les pois chiches pour les 5 dernières minutes de cuisson.
Pendant ce temps, battre à la fourchette tous les ingrédients de la sauce tahin avec 1 pincée de sel.
Garni les demi-avocats de pois chiches grillés et de persil haché.
Napper de sauce tahin et servir.

PANNA COTTAS D'AVOCAT AU TARTARE D'ALGUES

Les algues et l'avocat font décidément très bon ménage. La saveur iodée et salée des unes contrebalance la rondeur de l'autre, et les deux mêlés font fureur en tartine comme en version trempette. Ou, plus chic, en panna cottas salées.

POUR **4** PERSONNES

Pour les panna cottas • 2 avocats • 1/2 citron • 50 g de yaourt de soja • 1 c. à café rase de moutarde douce • 1 c. à café bombée de miso blanc (facultatif) • 1 petit dé de gingembre frais • 2 c. à soupe de tartare d'algues • 100 ml de lait de soja • 1 c. à café rase d'agar-agar en poudre

Pour les toppings • 4 belles pincées de graines d'alfafa germées • 12 cerneaux de noix • 1 feuille d'algue nori • 1 pincée de piment d'Espelette

Couper les avocats en deux, ôter le noyau, racler la chair et la mettre dans le bol d'un mixeur. Ajouter le jus du demi-citron, le yaourt de soja, la moutarde, le miso blanc, le gingembre pelé et haché, et 1 pincée de sel. Mixer jusqu'à ce que la consistance soit homogène.

Placer dans un saladier et mélanger avec le tartare d'algues.

Verser le lait de soja dans une casserole et ajouter l'agar-agar en pluie. Remuer. Porter le lait à frémissements, compter 15 secondes et verser sur le mélange à l'avocat.

Répartir rapidement le mélange dans 4 verrines, ramequins ou coupelles (avant qu'il ne se fige).

Laisser refroidir à température ambiante, puis placer au réfrigérateur pour au moins 2 heures.

Juste avant de servir, décorer de graines germées, de cerneaux de noix concassés, d'algue nori émiettée et d'une toute petite pincée de piment d'Espelette.

PÂTES À LA CRÈME D'AVOCAT

Des pâtes nappées d'une sauce crémeuse ? Inutile de chercher à résister....

POUR **4** PERSONNES

Pour la sauce • 75 g de noix de cajou • 1 gros avocat • 1 gousse d'ail • 1 c. à café de miso d'orge ou de riz • 1 c. à soupe de vinaigre de cidre • 1 c. à café de moutarde douce • 3 c. à soupe de flocons de levure maltée • 200 ml de lait de coco ou de soja • 1/2 c. à café de curcuma en poudre

Pour le parmesan végétal • 15 g de noix de cajou • 15 g de graines de courge • 15 g de graines de tournesol • 1 c. à soupe de flocons de levure maltée

Pour les pâtes • 500 g de pâtes au choix • 1 petit bocal de tomates séchées marinées

La veille, faire tremper les noix de cajou dans un bol d'eau pendant 8 heures. Égoutter et placer dans le bol d'un mixeur.
Couper l'avocat en deux, ôter la peau et le noyau, et placer la chair dans le mixeur. Ajouter la gousse d'ail pelée et dégermée, le miso (ou 1 bonne pincée de sel), le vinaigre, la moutarde, les flocons de levure, le lait de coco et le curcuma.
Mixer jusqu'à ce que la consistance soit homogène. Ajouter progressivement un petit verre d'eau, jusqu'à obtenir une sauce qui nappe la cuillère.
Préparer le parmesan végétal. Faire revenir les noix de cajou hachées et les graines dans une poêle sans matières grasses jusqu'à ce qu'elles dorent légèrement. Broyer grossièrement. Ajouter les flocons de levure et 1 pincée de sel. Broyer de nouveau.
Faire cuire les pâtes al dente selon les indications données par le fabricant. Une minute avant la fin de la cuisson, ajouter dans l'eau les tomates séchées. Égoutter en conservant un peu de jus de cuisson des pâtes. Remettre les pâtes et les tomates dans la casserole contenant le jus restant, puis ajouter la sauce à l'avocat. Mélanger pendant 2 minutes sur feu doux. Servir dans des assiettes creuses. Parsemer de parmesan végétal et déguster chaud.

POKE BOWL AUX NOUILLES SOBA

Plein de très bonnes choses, dans un joli bol.

POUR **2** PERSONNES

Pour le tempeh et les carottes • 100 g de tempeh • 2 carottes • 1 c. à soupe bombée de miso d'orge ou de riz • 2 c. à soupe de purée de cacahuètes • 2 gousses d'ail • 1 citron • 2 c. à soupe d'huile de coco

Pour le bol • 120 g d'edamame surgelés (poids net) • 1 gros avocat • 140 g de nouilles soba • 2 c. à café de sauce soja • 2 c. à café de vinaigre de riz • 2 c. à café d'huile de sésame toasté • 2 belles pincées de jeunes pousses de tournesol ou de graines germées • Graines de sésame blond et noir

Préchauffer le four à 180 °C (th. 6).
Couper le tempeh en bâtonnets, puis les bâtonnets en cubes.
Peler les carottes et les détailler en tout petits dés.
Dans un plat à gratin, délayer le miso avec la purée de cacahuètes et juste assez d'eau pour obtenir une pâte fluide. Ajouter l'ail pelé, dégermé et pressé, puis délayer avec le jus du citron (en conserver un tout petit peu pour l'avocat) et l'huile de coco. Mélanger avec les cubes de tempeh et de carotte.
Enfourner pour 30 minutes. Cuire les fèves d'edamame pendant 10 minutes dans une casserole d'eau frémissante. Égoutter.
Ôter le noyau et la peau de l'avocat en prenant soin de ne pas abîmer la chair. Placer la chair de l'avocat sur une planche à découper, côté « noyau vide » sur la planche. Sans modifier la forme de la chair, couper celle-ci en fines tranches dans la largeur, légèrement en biais. À l'aide des deux mains, donner à l'ensemble des tranches d'avocat la forme d'un U. Séparer le U en deux. Enrouler chaque demi-U sur lui-même pour former deux roses. Citronner légèrement.
Cuire les nouilles soba selon les instructions du fabricant. Égoutter et répartir dans 2 bols. Battre la sauce soja, le vinaigre de riz et l'huile de sésame. Mélanger avec les nouilles. Garnir les nouilles du mélange carottes-tempeh sur un quart du bol. Sur les autres quarts, disposer les roses d'avocat, les fèves d'edaname et les jeunes pousses. Parsemer de graines de sésame et servir sans attendre.

ONIGIRIS À L'AVOCAT ET AU TOFU TERIYAKI

Les onigiris sont des boulettes de riz dont le cœur est garni de multiples petites choses savoureuses et que les Japonais ne manquent jamais d'emporter en pique-nique. L'avocat est tout indiqué pour y faire office de cœur fondant, escorté d'un délicieux tofu teriyaki.

POUR **6** ONIGIRIS

Pour le riz • 250 g de riz à sushis japonais • 2 c. à café de sucre de canne blond • 2 c. à soupe de vinaigre de riz • 1 gros avocat • 1 feuille d'algue nori

Pour le tofu teriyaki • 1 c. à soupe de sauce soja • 1 c. à soupe d'huile de sésame ou d'olive • 2 c. à café de sirop d'agave ou d'érable • 1 c. à soupe bombée de purée de cacahuètes • 100 g de tofu ferme

Placer le riz dans un saladier et couvrir d'eau. Mélanger à la main, filtrer et recommencer 2 fois. Placer le riz dans une casserole, ajouter 2,5 fois son volume d'eau et cuire pendant la durée indiquée sur le sachet. Laisser tiédir. Dissoudre le sucre dans le vinaigre et ajouter 1/2 cuillerée à café de sel. Verser ce mélange sur le riz et mélanger délicatement.

Préparer le tofu. Dans un plat creux, mélanger la sauce soja, l'huile, le sirop et la purée de cacahuètes. Ajouter le tofu coupé en cubes et mélanger. Faire revenir à la poêle pendant 5 minutes, jusqu'à ce que le tofu absorbe la marinade et caramélise.

Couper l'avocat en deux, ôter la peau et le noyau, et couper la chair en lamelles courtes. Couper la feuille de nori en bandes de 5 cm de large.

S'humidifier les mains et prélever un sixième du riz. Former une boule aplatie dans la paume et ajouter en son centre un peu de tofu et d'avocat. Refermer le riz autour de la garniture de manière à la faire disparaître. Façonner la boule en forme de triangle aux bords arrondis. Déposer une bande d'algue nori à la base et la faire remonter devant et derrière. Si les mains collent trop, il est possible d'utiliser du film alimentaire pour faciliter le façonnage. Procéder de même pour les autres onigiris.

Consommer à température ambiante ou bien conserver au frais, chaque onigiri emballé individuellement, pendant 24 heures. Il est préférable d'ajouter l'algue nori au dernier moment de manière à préserver son craquant.

NUGGETS D'AVOCAT, SAUCE RANCH

À la fois ferme et fondant une fois cuit, l'avocat remplace à merveille le poulet. Dans sa robe croustillante, il ne demande qu'à plonger dans un bol de sauce ranch, traditionnellement à base de mayonnaise et de crème liquide, véganisée pour l'occasion à grand renfort de tofu soyeux.

POUR **4** PERSONNES

Pour les nuggets • 1 c. à soupe bombée de graines de lin • 2 c. à soupe de jus de citron vert • 1/2 c. à café de paprika • 1 pointe de couteau de poivre • 100 g de chapelure • 3 c. à soupe de farine de riz • 2 avocats

Pour la sauce ranch • 1/2 gousse d'ail • 200 g de tofu soyeux • 2 c. à café de moutarde douce • 1 c. à soupe d'huile d'olive • 1 c. à soupe de vinaigre de cidre • 1 pincée de paprika • 1 c. à café de curcuma • 4 c. à soupe de persil plat haché • 2 c. à soupe de ciboulette hachée

Préchauffer le four à 200 °C (th. 6-7) et préparer une plaque de cuisson. Moudre les graines de lin. Mélanger avec 4 cuillerées à soupe d'eau, le jus de citron, le paprika, le poivre et 1 pincée de sel. Laisser reposer pendant 10 minutes.
Dans une assiette creuse, mélanger la chapelure et la farine. Couper chaque avocat en deux et ôter la peau et le noyau. Couper chaque demi-avocat en 4 tranches. Passer chaque tranche dans le mélange aux graines de lin, puis dans celui à la chapelure. Disposer sur la plaque de cuisson. Enfourner pour 15 minutes environ.
Préparer la sauce. Peler et dégermer l'ail. Mixer avec le tofu, la moutarde, l'huile, le vinaigre, le paprika, le curcuma et 1 pincée de sel. Mélanger avec les fines herbes ciselées et réserver au réfrigérateur.
Servir les nuggets chauds, avec la sauce ranch.

PALLARES
SOLSONA

BURGERS D'AVOCAT, À LA PATATE DOUCE

Régression assurée avec cette version 100 % végétale de notre junk food préférée !

POUR **4** PERSONNES

Pour les steaks végétaux • 100 g de tempeh • 120 g de purée de patates douces • 1 c. à soupe de graines de lin moulues* • 1 gousse d'ail • 1 c. à soupe de sauce soja • 1 c. à café d'herbes de Provence • 1 c. à café rase de moutarde douce • 2 c. à soupe de chapelure • 1 c. à soupe d'huile d'olive

Pour les burgers • 4 gros avocats • 1 citron • 1/4 d'oignon rouge • Mayonnaise végan • 4 c. à soupe de ketchup • 1 belle poignée de mesclun • 2 c. à café de moutarde douce

Préchauffer le four à 180 °C (th. 6).
Dans une assiette creuse, écraser le tempeh avec la purée de patates douces et les graines de lin moulues. Peler et dégermer l'ail. Ajouter au mélange avec la sauce soja, les herbes et la moutarde.
Former 4 portions et les rouler dans la chapelure en leur donnant une forme de grosse galette aplatie. Enfourner pour 15 minutes. Coupez la chair des avocats en deux, arrosez de citron pour qu'ils ne noircissent pas.
Peler l'oignon et le détailler en fines rondelles. Détacher les rondelles pour obtenir des anneaux. Garnir les demi-avocats d'une généreuse couche de mayonnaise vegan. Déposer les steaks par-dessus. Ajouter des anneaux d'oignon rouge. Couvrir de 1 cuillerée de ketchup. Ajouter le mesclun.
Refermer les « burgers » et consommer sans attendre.

* Pour moudre les graines de lin, on utilise un miniblender puissant ou un moulin à café électrique. Si vous n'en avez pas, vous pouvez omettre les graines de lin dans cette recette : les steaks se tiendront simplement un peu moins bien.

PETITS DÉJ' & DESSERTS

PANCAKES DU MATIN AUX FRUITS ROUGES

C'est le petit déjeuner des jours heureux : celui où l'on prend le temps d'embaumer la maison avec l'odeur des crêpes et de soigner la présentation...

POUR **2** PERSONNES

Pour les pancakes • 1 c. à soupe de graines de lin • 125 g de farine d'épeautre complet • 2 c. à café de poudre à lever • 2 c. à soupe de sucre complet ou de sirop d'agave • 1/4 de c. à café de vanille en poudre • 1 avocat • 150 ml de lait d'amande ou de coco • 1 c. à soupe d'huile de coco

Pour la garniture • 1 avocat • 50 g de chocolat noir • 125 g de fruits rouges (myrtilles, framboises) • 1 yaourt végétal (soja ou coco) à la vanille

Préparer les pancakes.
Moudre les graines de lin à l'aide d'un miniblender ou d'un moulin à café électrique. Les mélanger dans un bol avec 3 cuillerées à soupe d'eau et laisser gonfler pendant 15 minutes.
Dans un saladier, mélanger la farine, la poudre à lever, le sucre, la vanille et 1 pincée de sel. Couper l'avocat en deux, ôter le noyau, racler la chair et la mettre dans le bol d'un mixeur. Ajouter le lait d'amande et mixer. Mélanger avec le gel de lin et verser dans le saladier rempli de farine. Battre à la fourchette jusqu'à ce que le mélange soit homogène.
Chauffer l'huile de coco dans une poêle et cuire les pancakes 5 à 6 minutes de chaque côté. Préparer la garniture. Couper l'avocat en deux, ôter la peau et le noyau, et le couper en fines lamelles. On peut aussi former une rose en suivant les explications de la page 6. Hacher grossièrement le chocolat.
Répartir les pancakes sur deux assiettes. Disposer les lamelles (ou la rose) d'avocat sur les pancakes. Décorer de fruits rouges. Napper de yaourt battu et parsemer de chocolat noir.

GREEN SMOOTHIE BOWL

Le smoothie bowl est tendance, mais ce n'est pas ce qui nous intéresse : il permet de consommer des légumes verts crus au petit déjeuner et ça, c'est une excellente idée ! Surtout si l'on ajoute du thé matcha au menu : le plein de chlorophylle est assuré.

POUR **2** PERSONNES

Pour le smoothie • 1 avocat • 1 banane • 1 poignée de pousses d'épinard • 250 ml de lait d'amande • 2 c. à café de thé matcha • 1/4 de c. à café de vanille en poudre

Pour les toppings • 1 banane • 40 g de chocolat noir • 60 g de fruits rouges (myrtilles, framboises) • 4 c. à soupe de granola • 2 c. à soupe de lamelles de noix de coco grillées • 1 c. à café rase de thé matcha

Préparer le smoothie. Couper l'avocat en deux, ôter le noyau, racler la chair et la mettre dans le bol d'un blender. Ajouter la chair de la banane, les pousses d'épinard, le lait d'amande, le thé matcha et la vanille.
Mixer longuement, jusqu'à ce que le mélange soit parfaitement homogène.
Répartir dans 2 bols assez larges.
Préparer les toppings. Peler la banane et la couper en rondelles. Hacher grossièrement le chocolat.
Décorer les smoothies en créant des rangées de rondelles de banane, de fruits rouges, de granola et de noix de coco. Parsemer de chocolat haché et saupoudrer de thé matcha.
Déguster sans attendre.

CRÈMES MENTHE-CHOCOLAT

C'est le pudding comme on l'aime : simple et rapide à préparer, régressif à déguster... Si vous n'aimez pas le mariage entre la menthe et le chocolat, vous pouvez remplacer l'huile essentielle de menthe par une belle cuillerée à soupe de purée de noisettes toastées.

POUR **4** PERSONNES

- 2 avocats
- 50 g de sirop d'agave ou de fleur de coco
- 25 g de cacao cru en poudre
- 1 c. à soupe d'expresso en poudre (facultatif)
- 60 ml de lait d'amande
- 4 gouttes d'huile essentielle de menthe

Couper les avocats en deux, ôter les noyaux, racler la chair et la mettre dans le bol d'un blender.
Ajouter le reste des ingrédients.
Broyer longuement, jusqu'à ce que la texture soit parfaitement lisse et onctueuse.
Répartir la crème dans 4 récipients individuels.

GÂTEAUX CRUS
CHOCO-NOISETTE

Nul besoin de cuisson pour ces muffins en trompe-l'œil.

POUR **10** PETITS GÂTEAUX

Pour la base • 70 g d'amandes • 70 g de noisettes • 90 g de dattes dénoyautées • 2 c. à soupe rases d'huile de coco

Pour la garniture • 1 avocat • 1 banane • 50 g d'huile de coco • 50 g de lait de coco • 40 g de sirop de fleur de coco ou d'agave • 40 g de cacao cru en poudre • 40 g de purée de noisettes

Pour décorer • 2 c. à soupe d'éclats de fève de cacao • 6 cubes de gingembre confit (facultatif)

Préparer la base. Placer les amandes, les noisettes, les dattes, l'huile de coco ramollie et 1 pincée de sel dans le bol d'un puissant blender. Broyer jusqu'à ce que le mélange commence à former une boule. Diviser en 10 portions et tasser chacune d'elles dans le fond d'un moule à muffin. Si vous n'utilisez pas de moules en silicone, penser à tapisser les moules de film alimentaire ou de papier cuisson afin de faciliter le démoulage.
Préparer la garniture. Couper l'avocat en deux, ôter le noyau, racler la chair et la mettre dans le bol du blender. Peler la banane et l'ajouter. Compléter avec le reste des ingrédients. Broyer jusqu'à obtenir une consistance homogène. Répartir le mélange dans les moules.
Placer au congélateur pour au moins 2 heures.
Sortir les gâteaux du congélateur 30 minutes avant dégustation. Décorer d'éclats de fève de cacao et de gingembre confit finement haché.

TARTE CHOCOLAT-FRAMBOISE

Sur cette base on ne peut plus simple à réaliser, sans four qui plus est, on peut imaginer de multiples variantes : chocolat et purée de noisettes, chocolat et orange confite, chocolat et crème de marrons...

POUR **4** PERSONNES

Pour la pâte • 70 g de noix de cajou • 60 g de sarrasin décortiqué • 60 g de flocons d'avoine • 2 c. à soupe de cacao en poudre • 3 c. à soupe de sirop d'érable ou de fleur de coco • 25 g d'huile de coco

Pour la garniture • 150 g de chocolat à pâtisserie • 2 c. à soupe d'huile de coco • 2 avocats • 60 ml de lait d'amande ou de coco • 250 g de framboises fraîches ou décongelées

Pour décorer • Cacao en poudre • Éclats de fève de cacao (facultatif)

Préparer la pâte. Moudre les noix de cajou avec le sarrasin décortiqué, les flocons d'avoine, le cacao et 1 pincée de sel. Les placer dans un saladier.
Faire chauffer le sirop d'érable et l'huile de coco au bain-marie jusqu'à ce qu'ils soient fondus. Les verser dans le saladier et amalgamer le tout du bout des doigts.
Foncer un moule à tarte en tassant la pâte dans le fond et sur les côtés avec les mains humidifiées. Placer le moule au réfrigérateur.
Préparer la garniture. Faire fondre le chocolat au bain-marie. Mélanger le chocolat chaud avec l'huile de coco.
Couper les avocats en deux. Ôter le noyau, racler la chair et l'ajouter au chocolat chaud. Ajouter le lait. Utiliser un mixeur plongeur pour mixer le tout jusqu'à obtention d'une consistance homogène.
Verser la garniture sur le fond de tarte. Disposer les framboises par-dessus. Placer au réfrigérateur pour au moins 4 heures.
Au moment de servir, démouler la tarte en passant la lame d'un couteau sur tout son pourtour. Poudrer de cacao. Décorer d'éclats de fève de cacao. Servir la tarte bien froide.

GLACE AVOCAT ET CITRON VERT

Une crème glacée sans aucun produit laitier : c'est encore un tour de magie de notre fruit gourmand préféré. Si vous n'avez pas de sorbetière, préparez une version « nice-cream » : placez tous les ingrédients au réfrigérateur, sauf les bananes que vous couperez en rondelles avant de les congeler. Un bon blender vous donnera ensuite une crème glacée onctueuse, à déguster sur-le-champ.

POUR **6** PERSONNES

- 3 avocats • 3 bananes • 3 citrons verts
- 300 ml de lait de coco ou d'amande
- 3 c. à soupe de sirop d'agave
- 2 c. à soupe de noix de coco râpée

Placer la cuve de la sorbetière au congélateur pour au moins 12 heures.
Couper les avocats en deux, ôter les noyaux, racler la chair et la mettre dans le bol d'un blender. Peler les bananes et ajouter la chair dans le blender.
Zester 1 citron vert.
Presser tous les citrons verts et ajouter leur jus dans le blender, avec le lait végétal et le sirop d'agave.
Broyer jusqu'à ce que la texture soit homogène. Verser dans un saladier et mélanger avec le zeste de citron vert et la noix de coco râpée.
Placer en sorbetière et turbiner le temps indiqué sur le mode d'emploi de la machine. Servir sans attendre.

GREEN CHEESECAKE AU COULIS DE FRAMBOISES

Spéculoos, beurre, fromage frais : le cheesecake est loin d'être le dessert le plus léger de la création, mais Dieu que c'est bon ! En version avocat, ce n'est pas forcément plus léger... mais plus vert et beaucoup plus digeste.

POUR **8** PERSONNES

Pour la base • 100 g de spéculoos ou de biscuits à l'avoine • 25 g de noix de pécan • 30 g d'huile de coco*

Pour le crémeux • 2 avocats • 1 citron • 50 g de sirop d'agave • 1/2 c. à café de vanille en poudre • 50 g d'huile de coco*

Pour le coulis • 200 g de framboises surgelées • 2 c. à soupe de sucre complet • 1 c. à café rase d'agar-agar

Préparer la base. Concasser les spéculoos et les placer dans le bol d'un mixeur, avec les noix de pécan. Broyer grossièrement. Ajouter l'huile de coco et broyer de nouveau. Tasser la pâte ainsi obtenue dans le fond d'un moule à charnière (ou d'un moule à manqué chemisé de film alimentaire ou de papier cuisson) de 20 cm de diamètre. Préparer le crémeux. Couper les avocats en deux. Racler la chair et la mettre dans le bol d'un mixeur. Presser le citron et ajouter le jus aux avocats, avec le sirop d'agave, la vanille et l'huile de coco. Mixer jusqu'à obtenir une belle crème onctueuse. Verser sur le fond de tarte et placer au congélateur pour au moins 2 heures. On peut l'y laisser plusieurs jours. Préparer le coulis. Placer les framboises, le sucre et l'agar-agar dans une casserole. Porter le tout à frémissements et maintenir les frémissements pendant 1 minute. Laisser refroidir pendant 10 minutes, puis verser sur le cheesecake. Replacer au réfrigérateur pour au moins 4 heures, jusqu'au moment de servir.

* Si vous n'appréciez pas la saveur de l'huile de coco, optez pour une version désodorisée.

PARFAITS
PISTACHE-MYRTILLE

Envie d'un bon gros dessert qui fasse presque office de repas, à déguster de préférence à même le bocal ? Le « parfait » est un concept tout indiqué. Une couche de ci, une couche de ça... Simple et rapide à préparer, avec ça !

POUR **2** PERSONNES

Pour la base • 1 avocat • 1 c. à café de jus de citron vert • 4 c. à soupe de sirop d'agave • 1/4 de c. à café de vanille en poudre • 125 g de yaourt végétal (coco ou soja) • 1 c. à soupe de purée de pistaches • 100 g de myrtilles fraîches ou décongelées • Pistaches et chocolat pour la décoration (facultatif)

Couper l'avocat en deux, ôter le noyau, racler la chair et la mettre dans le bol d'un mixeur.
Ajouter le jus de citron vert, le sirop d'agave, la vanille et la moitié du yaourt. Mixer jusqu'à obtention d'une crème bien fluide. Diviser la crème en deux.
Mixer la moitié de la crème avec la purée de pistaches et l'autre moitié avec les myrtilles.
Répartir la crème à la pistache au fond de 2 bocaux, en une couche bien nette. Couvrir avec de belles cuillerées du yaourt restant. Ajouter une couche de crème à la myrtille.
Décorer de pistaches et de chocolat concassés.
Placer au frais ou déguster sans attendre.

TRUFFES
MATCHA ET CHOCOLAT

Même à Noël, l'avocat nous réserve de jolies surprises...
Adieu beurre et crème fraîche dans les truffes !

POUR 30 TRUFFES

- 200 g de chocolat noir à pâtisserie
- 1 avocat
- 80 g de pâte de dattes*
- 2 c. à soupe de thé matcha en poudre
- 4 c. à soupe de cacao cru en poudre

* Il s'agit de chair de dattes agglomérée. On trouve de la pâte de dattes dans les magasins bio. Comme elle ne contient pas la peau des fruits, elle est beaucoup plus moelleuse. Il est néanmoins possible de la remplacer par le même poids de dattes medjool dénoyautées.

Préparer un bain-marie.
Casser le chocolat en morceaux. Réserver 4 carrés et placer le reste dans le bain-marie.
Couper l'avocat en deux, ôter le noyau, racler la chair et la mettre dans le bol d'un mixeur. Ajouter la pâte de dattes coupée en morceaux et le chocolat fondu. Mixer jusqu'à obtention d'une pâte homogène.
Concasser les carrés de chocolat restants et les ajouter au mélange. Couvrir et placer au réfrigérateur pour au moins 1 heure (et jusqu'à 24 heures).
Placer le thé matcha dans une assiette creuse et le cacao en poudre dans une autre.
Former des truffes. En rouler le tiers dans le thé matcha et les deux tiers restants dans le cacao.
Réserver dans une boîte hermétique au réfrigérateur.

BROWNIES CACAHUÈTE ET CHOCOLAT

Un brownie sans œufs ni beurre, mais aussi fondant que moelleux ? C'est encore une fois l'avocat qui se prête au jeu de la substitution et qui apporte volume et liant.

POUR 8 PERSONNES

- 3 c. à soupe de graines de lin ou de chia
- 2 gros avocats
- 60 g de farine de riz complet
- 60 g de cacao en poudre
- 60 g de sucre complet
- 2 c. à café de poudre à lever
- 1/4 de c. à café de vanille en poudre
- 1 c. à soupe de café en poudre (facultatif)
- 30 g de purée de cacahuètes
- 30 g de lait végétal
- 100 g de chocolat noir à pâtisserie
- 20 g de cacahuètes grillées salées

À l'aide d'un miniblender ou d'un moulin à café électrique, moudre les graines de lin ou de chia. Dans un bol, ajouter de l'eau jusqu'à ce que le total (graines moulues + eau) atteigne 120 g. Mixer de nouveau puis laisser gonfler pendant 15 minutes.
Préchauffer le four à 180 °C (th. 6).
Couper les avocats en deux, ôter le noyau, racler la chair et la mettre dans le bol d'un mixeur. Ajouter la farine, le cacao, le sucre, la poudre à lever, la vanille, le café, la purée de cacahuètes, le lait végétal, le gel de lin et 1 petite pincée de sel. Mixer jusqu'à ce que la texture soit bien homogène.
Verser la pâte dans un moule carré de 20 cm de côté chemisé de papier cuisson.
Concasser grossièrement le chocolat et les cacahuètes. Parsemer sur la pâte et enfoncer légèrement.
Cuire pendant 25 minutes.
Laisser totalement refroidir avant de déguster. Ce brownie est encore meilleur après quelques heures au réfrigérateur.

MUFFINS AUX MYRTILLES

L'avocat remplace ici une grande partie des matières grasses ainsi que les œufs utilisés dans la recette traditionnelle des muffins. Sans les myrtilles, la pâte est customisable à volonté en ajoutant rondelles de banane, pépites de chocolat, fruits secs ou confits, etc. On peut également remplacer une partie de la farine par de la poudre d'amande ou de noisette.

POUR **12** MUFFINS

- 1 avocat
- 240 g de yaourt végétal
- 250 g de farine de grand épeautre complet
- 4 c. à café de poudre à lever
- 100 g de sucre complet
- 1 c. à café de cannelle en poudre
- 150 g de myrtilles surgelées

Préchauffer le four à 160 °C (th. 5-6).
Couper l'avocat en deux, ôter le noyau, racler la chair et la mettre dans le bol d'un mixeur. Mixer avec le yaourt jusqu'à obtenir une purée homogène.
Dans un saladier, mélanger la farine, la poudre à lever, le sucre, la cannelle et 1 pincée de sel.
Ajouter le mélange à l'avocat et mélanger jusqu'à ce que la pâte soit bien homogène. Ajouter enfin les myrtilles et mélanger délicatement.
Répartir la pâte dans des moules à muffins.
Cuire pendant 30 minutes. Laisser totalement refroidir avant de démouler.

• Achevé d'imprimer en janvier 2018 •